my story my style my salon

Decorate
your daily life
with flowers

Tomoko Koshiishi

マロウのフラワーレッスン

花選び / 花飾り / 花贈り

Prologue

「飾りたくなる花を」「贈りたくなる花を」

私がマロウをはじめるきっかけであり、そのとき、理想とした言葉です。
11年を超えた今でも、そしてこれからも変わらないこと。

「好き」でつながること、「楽しい」で集うこと。

花でつながり集う。そんなサロンであり続けたいと思っています。

生活のなかのほんの一部。
でも、必要なこと、そんな風に感じてもらいたいです。

いつかマロウらしい、日々の暮らしのアクセントになる本（マロウ本）を
出したいと願っていました。「とっておき」もいいけれど、
「いつでも」の気軽さがある、マロウらしいサイズと紙の本。

マロウらしさを本書で感じていただき、日々の花との新たな関わり、
新しい花のルーティーンが生まれるきっかけになったら嬉しいです。

興石智子

Contents

Chap

ter 1

暮らしのなかで楽しむ花

Flowers to Enjoy in Daily Life

暮らしのなかに花があると、心が豊かになる。
そんな思いで、マロウはスタートしました。
お花屋さんで選んだ花を、自分らしく、
自分のために飾るのも楽しいものです。
花との暮らしのための第一歩をはじめてみましょう。

　季節の花や枝、花を組み合わせて楽しむこと、お花屋さんに足を運んで、花を選ぶこと、そして持ち帰った花たちをお気に入りの花瓶に、好きな場所に飾ること。本数は少なくても旬の花や枝、葉を組み合わせることを気軽に楽しんでもらいたい。ずっと変わらずにマロウのレッスンで伝えていることです。

　楽しむポイントは、花を飾ることを難しく考えすぎない、あれもこれもと欲張りすぎないこと。例えば、同じ高さの花瓶を1ヵ所に集め、花瓶を置く場所とレイアウトを決めてから飾る。大きめの花瓶なら飾る場所を決めて、インテリアに合わせて花を選ぶ。花を選んで買う、飾る花瓶を選ぶ、飾る場所

を決める、その工程を楽しむことが自宅で花を生ける魅力だと思います。そして花だけではなく、枝、葉、実を一緒に飾ってみること。花の量は少なくても、これらを合わせるだけでぐっと雰囲気がよくなります。花瓶に合わせるだけでなく、花瓶の周りに実ものを転がしてみたり、ドライにもなる葉や枝を置いたりして、スタイリングも楽しみましょう。

　この章ではブーケのレッスンを紹介しています。ブーケを作ったら花瓶などに生けて飾り、しばらくしたら萎れた花を外して、茎を短くカットして家中の小さな花瓶に飾り直して楽しみましょう。

花瓶で楽しむ

手軽に花を楽しむなら、
やっぱり花瓶に生けること。
準備も少なく、簡単です。
花屋さんで買った花の扱い方から、
花瓶の選び方、生け方を紹介します。

花を花瓶に生ける前に

Before Arranging Flowers in a Vase

花を生けるときには専用の花バサミを用意しましょう。花専用のナイフもありますが、慣れていない人にはハサミをおすすめします。花バサミでは、紙やワイヤーなど、植物以外のものをカットしないようにしましょう。使い終わったら、刃をきれいに洗うと長く使うことができます。写真はマロウオリジナルの花バサミです。

花を買ってきたら、まず根本を斜めにカットしましょう。茎を斜めにカットすることで、水を吸う面積が増えます。水のなかでカットする「水切り」という方法もありますが、お花屋さんでは水あげという処理をしてから販売しているので、元気がない場合を除けば、斜めにカットしてから、すぐに生けてかまいません。ただ、水が下がって元気がない場合には、茎を斜めにカットしてから新聞紙などに包んで、水をたっぷり入れたバケツに入れてしばらく置いておきます。長くても一晩で元気になります。

花瓶の選び方
How to Choose a Vase

さまざまなデザインの花瓶がありますが、応用力がある花瓶は、高さがあり、花瓶の口が狭くなっているもの。写真の左から3番目のような形です。器の下部分は広く、口元が狭くなっているため、花の量が少なくてもバランスが取りやすく、自然な傾きが楽しめます。円柱形のシリンダータイプはスタイリッシュですが、花の位置が固定できず、意外に難しい花瓶です。とはいえ、ご自身が好きな花瓶を選ぶことも、花を楽しむポイントです。

花瓶と花のバランス
Balance of Flowers with Vase

花を生けるとき

左. 花を生けるときは、花の長さを花瓶の高さの2倍以下にすることで、全体の重心がすっきりします。花の長さが花瓶の2倍の場合、花を生けると1対1、このバランスが1対0.5〜1だと安定して、美しく見えます。花は茎のすらっとしたフォルムに対して、花が大きいことが多いので、重心が下になるようにしましょう。

右. 長さのある枝や葉を、花と一緒ではなく生けるときには、花瓶の2倍以上の長さにしましょう。花瓶の2倍の長さだった場合、見える対比は1対2。この対比より枝の長さが長い方が、枝や葉の表情や流れを感じることができます。

枝や葉を生けるとき

花瓶で楽しむコーディネート

Enjoy Coordinating with a Vase

一つの花瓶に花を生けるだけでも、十分ですが、
複数の花瓶を組み合わせてインテリアに馴染むスタイリングもおすすめです。
アイテムの組み合わせで、コーディネートの幅も広がります。

小さな花瓶を小さな台の上にまとめてス
タイリング。組み合わせのポイントは似
たフォルムの花瓶を合わせること。小さ
な花瓶でも華やかさがアップ。

ダイニングテーブルにおすすめしたいの
は、プレースマットの上へのスタイリン
グ。花の量は少なくても、まとまりがで
るもの。高さのある枝や葉などシンプル
な花材だとスタイリッシュに。

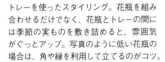

トレーを使ったスタイリング。花瓶を組み合わせるだけでなく、花瓶とトレーの間には季節の実ものを敷き詰めると、雰囲気がぐっとアップ。写真のように低い花瓶の場合は、角や縁を利用して立てるのがコツ。

キャンドルホルダーを花瓶代わりに。水を貯められる器なら、なんでも花瓶として使える。ブーケを作るときに外した短い枝を生けても。

香りを楽しむローズブーケ

日常を過ごす空間にブーケを飾ると、
空気がぱっと華やぎます。
特に香りのあるバラは見た目だけでなく、
癒しを与えてくれます。
華やかなバラで、基本のブーケ作りを学びましょう。

基本のデザインとブーケの構成について

マロウのブーケは、構成する花材が重要です。
使用する花材のそれぞれの特性から、
3つのグループに分けます。

A　大きい花
（メインの花）

ブーケのテーマとなるメインの花です。全体のイメージが決まります。バラ、シャクヤク、ダリアなどの花らしい花を選びます。

B　中間花
（Aより小さな花・草）

ブーケのなかのふんわりとした印象を生み出す役割。マロウではやわらかなフォルムの草花や草など使用することが多く、数種類使用します。

（マロウでよく使う花・草）

スカビオサ、コロニラ、リキュウソウ、ナワシロイチゴ（葉）、クレマチス、レースフラワー

C　葉
（枝や葉）

ブーケのなかにナチュラル感を演出しブーケの途中から使用しますが、外側を囲うこともあります。ボリュームを出す役目でもあるので、Bよりはしっかりしているものを使います。

（マロウでよく使う葉・草）

ミント、フランボワジェ、ユキヤナギ、ヒメリョウブ、ゼラニウム、キイチゴ'ベビーハンズ'

（ 基本のブーケの構造 ）

ブーケの横からのデザイン

A と B を何層も互い違いに重ねることで、ブーケを大きくし、目指すボリュームの半分くらいになったら、C を入れてまた A と B を重ねて大きくします。

ブーケの上からのデザイン

A を中心に、B がその外を囲み、また A、そして B という順に広がり、途中から C を外側に配置しています。

きっちり A、B、C を分けず、なじむように花を重ねているのがマロウのスタイル。大きな花と小さなを交互に入れ、そして葉を徐々に増やし全体をナチュラルにするのが基本です。重なりが少なければ、小さなブーケ、重なりを増やすことでブーケが大きくなります。

ブーケの上から1/3の構造

ブーケの側面の構造。上から1/3の図解です。A よりも B、C を高い位置にし、A も均一の高さでなく、多少凸凹させてナチュラルに。

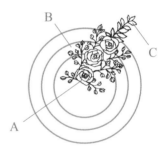

ブーケの一部を上から見たところ。A と B を3回繰り返し、C を合わせる。このように基本は繰り返しで組んでいくのがマロウのスタイル。

目指すブーケの大きさ

低くする

ブーケ全体の横のフォルム。花の量に応じて重ねる回数を調整してブーケの大きさが決まる。ある程度の大きさまではあまり高低差をつけず、希望の大きさになったら、花を低く重ねていく。

ブーケ作りの指の使い方

基本のブーケ作りは、茎をスパイラル（らせん状）に束ねることです。
この方法だと、花の茎がしっかりと重なり、角度をつけることもできます。
スパイラルに束ねるためには、指の使い方が要です。
ここでは基本の指の動きを覚えましょう。

1本目の持ち方

最初の1本目の茎をブーケを束ねるところ（紐などを結ぶ位置）を利き手でない手の人差し指と親指で持ちます。これをブーケの中心として束ねていきます。花束をつくるときは、この握る部分より下には葉や枝分かれがないように下準備してから束ねます。

左側に花を束ねる＿1

1本目の茎を親指と人差し指で押さえながら、茎の下部分を残りの3本の指で軽く支え、親指だけを開き、人差し指の間に、左斜めになるように重ねます。

左側に花を束ねる＿2

左側に入れた花も1本目と同様に親指と人差し指で持ち、残りの3本の指で茎の下を軽く支えます。この繰り返しで、左側に花を束ねることができます。ある程度、花が重なったら、束全体を時計回りに45度動かし、同じ作業を繰り返します。

右側に花を束ねる＿1

1本目の右側の位置に花を束ねたい場合は、親指と人差し指で束ねた花を持ったまま、中指を広げます。

右側に花を束ねる＿2

人差し指と中指の間、すでに束ねた花の後側に花が右斜めになるように挿し入れます。

右側に花を束ねる＿3

中指を閉じて、右後ろに入れた花を支えます。

右側に花を束ねる＿4

人差し指を開いて、右側に入れた花をすでに束ねている花とともに、親指と人差し指に持ち替えます。

スパイラルのまとめ

3本でスパイラルを組んだところです。1本目に対し、茎が左右で交差されていることがわかります。実際、ブーケ作成では、左側にずっと花を入れ、束を動かして仕上げる方法、また左右に交互に束ねていく方法がありますが、束ねやすい方法で作りましょう。左側から作り続ける場合、ブーケが大きくなって花の偏りがあれば、右側に花を足して調整すると、美しく仕上がります。

(Flower & Green)

バラ（カレン、パリス）
ナワシロイチゴ
ミント

(Material)

麻紐
（他の紐や PVC
テープでも可）

(How to Make)

01　バラ'カレン'をブーケの中心になる1
本を選び、親指と人差し指の間に置き、
左側にも'カレン'を1本、茎をやや斜
めにして重ねる。花の高さは同じくらい
に揃える。

02　'カレン'3本を①同様に左側に1本ず
つ茎がスパイラルになるように重ねる。
あまり角度をつけすぎずに、左手のなか
でバラの束が広がっていくイメージで重
ねる。

03　組んでいる5本の束を時計回りに回し、
花が入っていない方を正面に持つ。

04　左側に'カレン'3本を、最初の5本から
45度ほど斜めにした位置で1本ずつ重
ねる（P20-21参照）。

05 ── 右側にも④同様に'カレン'3本を1本ずつ重ねる

06 ── 基本のブーケの花材にあたるBがここではナワシロイチゴ。ナワシロイチゴをバラより高い位置で左右1本ずつ重ねる。

07 ── ナワシロイチゴをブーケの手前のバラ2本の間に入れる。

08 ── バラ'パリス'2本を左右に1本ずつ、上から見てブーケが少し凹んでいる場所に入れる。

09 ── ミントをバラより低い位置に重ね、ナワシロイチゴを高い位置に重ねる。いずれも均等ではなく、ブーケの凹んでいるところ、バラの間の隙間などに入れる。'パリス'2本を左右に1本ずつ重ねる。

10 ── 'カレン'2本を左右に1本ずつ、ブーケが凹んでいる場所に入れる。ミント、ナワシロイチゴをさらに足す。余っている'カレン'や'パリス'があれば、さらに足していく。偏りがでないように上からチェックしながら足す。

11
最後に、ミントの高さを下げて、水平に
近い角度で重ねていく。

12
ブーケの完成。この時点ではまだ花材を
握っていること。

13
2mにカットした麻紐を半分に折り、中
央に輪を作る。この輪をブーケを握って
いる手の左上にくるように置く。

14
左手の上に反時計回りに1cmくらいの
巻き幅を目安に麻紐をしっかりと巻く。

15
巻き終わったら、ブーケをテーブルの角
に置き、写真のように麻紐を巻いた部分
に角をあてる。こうすると、花が潰れに
くい。

16
⑬の輪と麻紐の端を巻きつけた麻紐の中
心でしっかりと固結びをする。結束部分
の下の茎はお好みの長さでカットして完
成（PVCテープの場合はテープを巻き付け
るだけで完成）。

花色とリンクした花瓶に生けてキュートに。'カレン'、'パリス'ともに香りが強い品種。自宅なら香りもじっくり楽しめる。

パンジーのブーケ

数あるパンジーの品種のなかでも、
マロウでは群馬県富岡市のみやび花園さんが作る
パンジー'粋'を推しています。
可憐なパンジーとふんだんな草花の
野趣あふれる組み合わせ。
パンジー、スイートピーなどの花のあとに
ボリュームのあるグリーンを入れて、
その繰り返しで大きく束ねていきます。
このブーケは茎をスパイラルに組まずに作ります。

(Flower & Green)

パンジー '粋'
スイートピー 'シナモン'
スカビオサ2種
シレネ 'グリーンベル'
グニユーカリ
カラスノエンドウ
アケビ

(How to Make)

01
　　ブーケの中心をパンジーで作るために、
パンジー5本を選ぶ。枝分かれして花
がついているものを選ぶことが大事。

02
　　①からパンジー2本を選び、1本の枝分
かれしているなかに、もう一方の花の部
分を差し入れる。パンジーの向きを立て
て90度の角度で挟み込む。

03
　　②の花を差し入れたところ。花がつぶれ
ないように、枝の向きを見ながら差し入
れることが大事。

04
　　左手に③を持ち、パンジー1本を②同様
に差し入れる。

05 　残り2本のパンジーも同様に差し入れ
　　て、パンジーのグループを作る。パンジ
　　ーの花をぎゅっと集めることがポイント。

06 　⑤のパンジーの枝の空いている部分3ヵ
　　所に、それぞれスイートピーを合わせる。

07 　シレネ'グリーンベル'を⑥よりも高い
　　位置に花がくるように、3本を全体に入
　　れる。

08 　シレネの枝が分かれている部分にパンジ
　　ーを重ね、それによって凹みができた部
　　分にスイートピーを合わせる。

09 　ブーケ全体を見て、隙間にスイートピー
　　くらいの高さにスカビオサを入れる。こ
　　こでは2本ほど入れる。

10 　高い位置のシレネに添わせるようにカラ
　　スノエンドウを5本程度入れる。

11　パンジーをさらに入れる。ブーケの直径が大きくなっても、パンジーは傷がつきやすいので、上から差し込んだり、下から茎を引いたりせず、高さを決めてから重ねること。

12　パンジー、スイートピー、シレネ、基本的にこの順に直径20cm程度の大きさになるまで、高さをキープしたまま重ねる。隙間があれば、スカビオサを入れたり、シレネのあとにカラスノエンドウを入れる。

13　直径20cmになったら、ブーケの凹みのある部分にパンジーを少し低い位置で重ねる。

14　カラスノエンドウやアケビの蔓を変化を出したいところへ入れる。

15　少し低く凹みのある部分にパンジーを入れ、残りの花材を入れていく。花を入れたあとにはカラスノエンドウやアケビの枝などを適宜入れる。

16　ブーケにゆるく、角度がついたところで、やわらかなカラスノエンドウの上にユーカリを重ね保護する。

17 — ブーケ全体を見て、ボリュームが足りないところにユーカリをさらに足して整える。足す量や仕上がりはお好みで。

18 — 結束部分を PVC テープで巻き留めて、茎を切り揃えて完成。

やわらかな質感
の春の花の重な
りを楽しもう。

左

クリアガラスの花瓶に飾ると、パンジーらしいかわいらしさや葉物のナチュラル感が際立つ。

右

ベルギーのフラワーベースブランド「ヘンリーディーン」の花瓶に生けて。同じデザインの器でも色によって雰囲気が変わる。

春のガーデンブーケ

新緑がまぶしくなり、
初夏を迎える前のガーデンのような
空気感をまとったブーケです。
マロウのスタイルは、
使用する花や植物の本来の姿を活かすもの。
長いラインが魅力のラークスパーで高さを作ってから、
ブーケを大きく束ねていきます。
たっぷりのグリーンとシックな色みの組み合わせが、
マロウらしい春のスタイルです。

(Flower & Green)

ラークスパー‘ミスティラベンダー’
クリスマスローズ
コデマリ‘ピンクアイス’
アスチルベ
アケビ

(Material)

PVCテープ（麻紐でも可）

(How to Make)

01　ラークスパー10本を下側についている
　　枝を切り分け、下部分の葉を取る。ラー
　　クスパーの葉は柔らかいので、手でも取
　　れる。コデマリは枝分かれしているもの
　　は切り分け、他の花も茎の下から10〜
　　20cm程度の葉を取る。

02　切り分けたラークスパーのうち、花がし
　　っかりついた長くてボリュームのあるも
　　の3本を角度をつけずに、上から35cm
　　くらいのところで握って、スパイラルに
　　束ねる。

03　クリスマスローズ1本とコデマリ1本
　　を②に重ねる。クリスマスローズはラー
　　クスパーより10cm以上低く、コデマ
　　リはラークスパーと同じ高さにする。

04　③にコデマリ2本、クリスマスローズ2
　　本、アスチルベ3本を加える。クリス
　　マスローズは③と同様に低い位置に斜め
　　に入れて、ブーケの直径を調整する。ア
　　スチルベは、凹みのある部分に入れ、ク
　　リスマスローズとラークスパーの間にあ
　　えて3本の高さをバラバラに入れる。

05　低い位置のクリスマスローズの隣に、枝が曲がっているようなコデマリを入れていく。クリスマスローズの低さによってできた空間を、動きのあるコデマリが曖昧に見せるだけでなく、花を支える役目にもなる。

06　ラークスパー、コデマリ、アスチルベの順で再度加えて、ブーケを大きくする。

07　ラークスパーとコデマリは最初と同じ高さをキープ。左右が均等になったら、外側にアケビを全体に加える。アケビも高さはラークスパーと同じくらいに。

08　外側に入れるアケビは枝が外へ向くものを入れると、ブーケに広がりが生まれる。

09　⑧の向きをかえて、最後のアケビを入れるところ。クリスマスローズの花が外から美しく見えるように手で整える。

10　親指と人差し指で握っている部分をPVCテープで巻き留めて完成。

左. クリアな花瓶に生けることで、ラークスパーの高さ、それによって生まれる空間、覗き込みたくなるクリスマスローズの存在と、まさに小さなガーデンの風景が楽しめる。上. シックな色の花瓶だとラベンダーカラーの花色と相まり、大人な雰囲気で楽しめる。下. 高低差をつけて、束ねることで、ラークスパーの魅力が際立つ。

苟薬のブーケ

春から初夏が旬の苟薬と花イチゴを合わせた、
季節限定のブーケです。
旬が短い苟薬だからこそ、
自宅で蕾から、満開へのダイナミックな変化、
そして散る姿までじっくり楽しんでください。

(Flower & Green)

シャクヤク	ライラック
コロニラ	ナワシロイチゴ
花イチゴ	クリスマスローズ
ヒメリョウブ	スカビオサ

(Material)

PVCテープ（麻紐でも可）

(How to Make)

01　束ねる前に、花材の下準備をする。コロニラは先端から 18 ～ 20cm より下の葉と枝を取る。

02　花イチゴも下の葉と枝を取る。

03　ライラックもすべて葉を取る。

04　シャクヤクもすべて葉を取る。シャクヤクの葉は蒸散が大きく、水下がりの原因になる。シャクヤクだけで生けるときも葉をできるだけ取ること。

05　ヒメリョウブは、上から 10 〜 15cm 程
　　度の葉だけを残す。

06　ナワシロイチゴは上から 20cm 程度ま
　　での葉を残して、枝と葉を取る。枝のボ
　　リュームがある場合は、枝も取る。

07　クリスマスローズは、今回用意したもの
　　は丈が長く、枝分かれしているため、枝
　　で切り分ける。丈が短い場合は切り分け
　　ず、下の枝や葉を取るだけでよい。ただ
　　し 20cm 以上はあるものがいい。

08　ヒメリョウブ 1 本を手に持ち、束ねは
　　じめる。手は上から 20cm くらいの位
　　置で茎を握る。

09　⑧の上にまっすぐにシャクヤクを重ねる。
　　このシャクヤクがブーケのメインになる。

10　⑨のシャクヤクの周りを、シャクヤク以
　　外の好きな花材 3 本で囲む。ここでは
　　ナワシロイチゴ 2 本とライラック 1 本
　　を入れ、ナワシロノイチゴは高く、ライ
　　ラックはシャクヤクと同じ高さにする。

11　スカビオサをシャクヤクより高い位置に入れる。メインの花の部分がフラットにならないようにする。

12　コロニラ3本をブーケを反時計回りに回して、全体に偏りがないようにする。シャクヤクとライラックの花の間にコロニラの先端が来るように入れるとブーケの表情がユニークに。

13　ナワシロイチゴ3本とライラック1本を⑩と同様の高さで束ねていき、ブーケの面を増やしていく。

14　シャクヤク2本、スカビオサ4本の順に束ねていく。シャクヤクは1本目と同じ高さ、スカビオサも⑪と同じ高さで、偏らない配置にする。

15　花イチゴをシャクヤクより少し低い位置に実が見えるように束ねていく。ブーケ全体に入れる。同様にクリスマスローズも低い位置に花が見えるように入れる。

16　花イチゴは実が重いため、支えになるように周りをヒメリョウブ、コロニラなどを加えて支える。

17 　シャクヤクを今までよりも低い位置で入れる。残った花材を全体にバランスよく配置し、わずかに高い位置にナワシロイチゴやコロニラを入れて、握っている部分にPVCテープを巻いて完成。

18 　完成したブーケの裏側。ブーケのアウトラインと構成した花材の高低差がわかる。

19 　完成したブーケの上から。直径50cmほどの仕上がり。使用する花材の量で大きさを調整する。伸びやかで個体差が大きな花材を使っているため、誰が作ってもまったく同じにはできないのが特徴。

左. 少し低めの花瓶に傾けて生けると、たっぷりのナワシロイチゴの葉がよりナチュラル。野原でシャクヤクが咲いている景色のよう。**上.** 花イチゴとはイチゴの旬に出回る、枝つきのもの。色づく前のフォルムだけでも十分愛らしい。**下.** メイン、中間の花で高低差をつけているから、スカビオサらしい曲線もブーケのアクセントに。

秋の花で毎年手に取り、
レッスンをする花のひとつがコスモスです。
楚々とした佇まいの花ですが、
やわらかな茎と取り扱いも簡単ではなく、
ブーケが作りやすい花でもありません。
難易度は高いですが、
飾るとまるで高原に来たような
気持ちになれるブーケです。

(*Flower & Green*)

コスモス	ノイバラ
シュウメイギク	レースフラワー
ユキヤナギ	グラミネ
ユーパトリウム	アオツヅラフジ
チョウジソウ	

(*Material*)

PVCテープ（麻紐でも可）

(*How to Make*)

01　束ねる前に下準備する。コスモスは下についている枝を外し、葉を上から2節より下のものを取る。

02　シュウメイギクは、枝分かれが下であれば、コスモス同様に切り分ける。今回、用意したものは枝分かれが上にあるため、切り分けずに葉だけを取る。

03　ユーパトリウムは下の枝を外し、葉を整理して切り分ける。

04　レースフラワーは枝分かれしている場合は、写真のように花1輪だけに切り分ける。

05　ユキヤナギは枝を切り分け、下の15〜
　　20cm 程度の葉を取る。

06　チョウジソウは枝分かれしていれば、枝
　　で切り分けて、ユキヤナギ同様に下の葉
　　を取る。

07　グラミネは葉を取り、穂がついているの
　　み残す。

08　ノイバラは上から 50cm 以上の枝を残
　　し、それより下の枝は取る。

09　アオツヅラフジは、下の方についている
　　実と葉を取る。

10　⑨の蔓を伸ばして、実が目立つように整
　　える。

11 — まず華奢なコスモスを束ねやすくするための クッションを作る。ユキヤナギ1本をまっすぐに持ち、左側に1本斜めに重ねて束ねる。

12 — ⑪の上にコスモス1本をユキヤナギよりも花が少し上になるように、まっすぐに重ねる。

13 — コスモス4本を⑫と同様に花がユキヤナギよりも少し上になるように重ねる。

14 — コスモスは茎がやわらかく、首が曲がり、他の花に絡みやすい。束ねてから、花が絡まないように整える。

15 — ユーパトリウム3本はコスモスより、5～8cmほど低い位置に、ブーケ全体に囲むように入れる。

16 — チョウジソウ3本をユーパトリウムと同じくらいの高さで、ブーケ全体を囲む。

17　グラミネ3本をコスモスより、穂が高い
位置になるようにブーケの隙間に入れる。
ここでは、1本と2本で分けて入れた。

18　シュウメイギク3本を先端がコスモス
よりも高い位置になるように入れる。

19　ここまでのブーケをコスモスを正面にし
たところ。束ねた花に高低差があること
がわかる。

20　シュウメイギクの枝の隙間に、ユキヤナ
ギを加える。

21　⑳と同様に、全体のバランスを見ながら、
チョウジソウを入れて束ねる。

22　コスモス5本をシュウメイギクと同じ
高さになるように、全体に入れて束ねる。

23　ブーケ全体のボリュームを出すため、グ
　　ラミネ8本、シュウメイギク3本を最初
　　に入れたときと同じ高さで、束ねていく。

24　シュウメイギクの枝の隙間に、高さを抑
　　えてホワイトレースを入れる。

25　ユキヤナギも全体のバランスを見ながら、
　　入れていく。枝先が外を向くように入れ
　　る。

26　残りのコスモスやチョウジソウなどを全
　　体にまんべんなく低めの位置に入れてい
　　く。ここでブーケの直径を大きくする。

27　茎を握っている位置から15cmほどで、
　　茎をカットする。最後にカットしてもい
　　いが、茎が長過ぎると、作業がやりにく
　　くなる。

28　ノイバラ2本の枝をブーケの曲線に添
　　わせるように、入れる。

29
—
ノイバラとブーケの間に隙間ができるの
で、残っている葉（グラミネ、ユキヤナギ、
チョウジソウ）などを入れて埋めたり、
差し込む。手で握っている位置より少し
上に、ユキヤナギやチョウジソウを足す。

30
—
ブーケの直径自体が大きくなり、葉が増
え、ボリュームとナチュラル感が生まれ
る。

31
—
仕上げのアオツヅラフジは蔓の先端など
を持ち、ブーケの中心部の花に蔓をひっ
かけて載せる。花を潰さないようにして、
根本の蔓を手で握る。これを好きな分量
を入れる。

32
—
コスモスの花の向き、アオツヅラフジの
実の位置など、手で整えてから、PVC
テープで巻き留めて完成。

完成したブーケを横から
見たところ。同じ花を複
数使う場合も均等に入れ
ているわけではないので、
見る角度により印象が大
きく変わる。

完成したブーケは、高い位置に葉
や蔓、グラミネの穂があることで、
自由な動きが感じられる。

足つきのクリアガラスの花瓶に生
けて。長さのあるブーケだから、
大きめの花瓶との相性もいい。床
上に置いて飾っても存在感がある。

暮らしのなかのリース

フレッシュな状態の花が時間経過とともに
ドライに変化してゆく姿を楽しむことは、
自宅で花を飾る魅力のひとつ。
インテリアとして、ドアや壁に飾ることができるリースは、
そんな楽しみ方にぴったりです。
どんな花材でも応用できるリースの作り方を、
ニュアンスカラーのスターチスで作りましょう。

(Flower & Green)

宿根スターチス '蜜月'
スターチス 'ピンクアッシュ'
スモークツリー 'ファーレッド'

(Material)　A のリース

蔓のリース（φ 20cm）、リースワイヤー（#24 か #26）

(Material)　B のリース

ストローバインリース（φ 20cm）、リースワイヤ
ー（#24 か #26）、地巻ワイヤー（グリーン）（#22
か #24）、コールドグルー、フローラルテープ（茶）

＊リースワイヤー は仕上がりまでカットする必要がないコイル
状のワイヤーです。一般的な花用のワイヤーでも代用可能です。
その場合は、茶色の地巻きワイヤーが向いています。

(How to Make)　A のリース

<u>01</u>　リースワイヤー（以下、ワイヤー）の先端、
　　2 〜 4cm 程度を写真のように折り曲げ、
　　輪を作る。

<u>02</u>　①のワイヤーの輪を蔓のリースの表面に
　　重ね、輪を残したままワイヤーで 2、3
　　回しっかりと巻きつける。

03　使用する花材を10cm程度に切り分ける。制作中に足りないことがあれば、途中で追加する。リースは見た目以上に花材の量を使うので、多めに用意しておくこと。

04　③のうち、宿根スターチスを6〜10本ほど頭を揃えて束ね、花の先端がリースの中心を向くように置いて、ワイヤーで茎とリースを巻きつける。

05　④の花の隣に、宿根スターチスの束を花が左上を向くように、ワイヤーで巻きつける。さらに、その花の隣に、今度は右上を向くようにまた宿根スターチスの束を巻きつける。この動作を繰り返し、リースの土台の内側、上側、外側ときれいな面になるように繰り返す。

06　花の束を配置するときに、隣り合う花とつなぎ目ができないように意識して重ね、宿根スターチスの塊を同じ幅になるようにする。10cmくらいの塊になったら、スモークツリーを重ね、ワイヤーで巻きつける。

07　④から⑥の繰り返しで、リースを作っていく。注意点は花材の凹みや出っ張りがでないように、同じ幅で作っていくこと。スモークツリーの配置に悩むときは最後に入れてもいい。

08　⑦の段階のリースの裏面。花の幅が均等であることがわかる。

09　途中で雰囲気を変えたいところ、ポイン
　　トにしたいところでは、スターチスを入
　　れる。宿根スターチスに比べて、花の部
　　分が大きいスターチスはスモークツリー
　　と束ねて重ねて、フィットさせる。

10　リースの空間が残り3cm程度になった
　　ら、左右両脇の花を持ち上げてから、花
　　材を重ねる。そうすることで、つなぎ目
　　が自然な仕上がりになる。

11　最後の束を重ねてリースにワイヤーで巻
　　きつけたあと、さらにワイヤーでしっか
　　りと巻き留める。写真のワイヤーの輪は
　　①で作ったもの。

12　⑪のワイヤーを10cm程度でカットし、
　　リースの裏面に出して①の輪とともに手
　　に持つ。

13　ワイヤーを持ちながら、円を描くように
　　ぐるぐるとワイヤーの根元を巻き留め、
　　1cm程度にカットし、先端をリースの
　　蔓の間に差し込む。

14　全体の形を整え、花材が足りない場所な
　　どがあれば、巻きつけているワイヤーや
　　リースの蔓の間に、追加で差し込む。

15 リースを壁に飾るときに上部にする部分
を決め、ワイヤーを40cm程度にカット
し、中心に5cmの輪をワイヤーを巻きつ
けて作る。

16 リースの上部に決めた部分の側面に、⑮
のワイヤーの先端1本を差し込む。

17 もう1本のワイヤーとともにしっかり
縛って、ワイヤーをカットして、切れ端
をリースの裏面に差し込む。

18 輪の部分をリースの裏面から、側面にま
っすぐになるようにしっかりと立てて、
完成。

完成したリース。ワイヤ
ーだけで作るリースは、
花材がしっかりと固定で
きることと、すぐに飾れ
ることがメリット。

(How to Make)　B のリース

01　使用する花材を 10cm 程度にカットする。宿根スターチスなら 10 本くらい頭を揃えて持つ。地巻ワイヤーを半分にカットしたものを用意する。

02　上から 3、4cm のところを地巻ワイヤーの中心に重ねる。地巻ワイヤーの左右どちらかを持ち、茎部分を一周させ、ワイヤーの先端 2 本を茎の前で揃える。

03　フローラルテープで②で巻いたワイヤーの部分を隠すように、茎を巻いていく。4 ～ 6cm 程度巻いたら、カットする。

04　③のパーツをすべての花材で用意する。スターチス、スモークツリーは 1 ～ 3本で束にする程度でよい。ボリュームに応じて本数を調整する。パーツは多めに準備する。

05　ストローバインリースにリースワイヤーをぐるぐるとランダムに巻きつけていく。こうすると、パーツがリースにしっかりと固定できる。

06　リース全面にリースワイヤーをすべて巻きつけたところ。写真のようにランダムでよい。リースワイヤーの端は、リースの裏面に差し込む。

07 — 宿根スターチスのパーツのフローラルテ
ープで巻いた部分にコールドグルーをつ
ける。コールドグルーはまとめてつける
と乾いてしまうので、挿すたびにつける
こと。

08 — ⑦をリースに真上から挿す。

09 — リースのいろいろな位置に、⑧と同様に
宿根スターチスのパーツにコールドグル
ーをつけて挿していく。あえてランダム
に挿すことで、リースの仕上がりが立体
的になる。

10 — 宿根スターチスを挿したら、好きな位置
にスターチス、スモークツリーもコール
ドグルーをつけてから挿す。リースを立
てて、写真のように斜めに挿してもよい。
偏らずに挿すことが大事。

11 — ある程度、花材を挿し終わったら、俯瞰
で見て形を整えながら挿す。挿す花の向
きは逆になってもいい。

12 — 花材の量とリースの仕上がりに満足した
ところで挿し終わり。Aのリースの⑮〜
⑰の方法で、壁掛け用のフックを作って
完成。Aのリースと比較すると、決めら
れた花材の量で仕上げることができる。

Chap

ter 2

集まる日の花

Flowers for Gatherings

ホームパーティーやちょっとした女子会。
楽しい時間を過ごすために集まるとき、
そこに花があるといつもの部屋も変化し、会話も弾みます。
テーマや季節に合わせて花を用意しましょう。

集まる日の花

Flowers for Gatherings

いつものお友達の集まりや来客のおもてなし、ホームパーティーになどを素敵に花でお迎えしたいときに。まずはテーマを決め、そのテーマに寄り添うのが基本です。

テーブルで食事をする会なら、テーブルセンターに小さめの一輪挿しがあるだけでも、会話が弾むきっかけになります。

「花」を知るからこそ「花」を脇役に。

人が集まる、イベントだからこそたくさんのお花を用意するイメージをされる人も多いですが、花瓶に生ける投げ入れを飾って（帰りにお渡ししても！）、実ものをテーブル上にあしらうなど、決して花は多くなくていいのです。

特に旬の花や実ものなどを取り入れることや、飾り方のアイデアをプラスすることで生まれる「こなれ感」がお客様には印象に残ります。

初夏のテーブルアレンジメント

大きめのバスケットに、いくつかの花瓶と
アルミワイヤーを使ったアレンジメント。
自宅にある花瓶を組み合わせて作れます。
ボリュームも空間に合わせてお好みで。
今回は初夏らしいアジサイや草花で作りました。

(Flower & Green)

クレマチス	ディサ
（リトルボーイ、ほか1種）	ブラックベリー
アジサイ	ナワシロイチゴ
シラー	ヒメミズキ

(Material)

ポリプロピレン製バスケット（φ290mm、高さ80mm）
シリンダー型花瓶（φ180mm、高さ200mm）
試験管型花瓶（φ25mm、高さ150mmの試験管を9個
　　連結したもの）3つ
アルミワイヤー（3.2m）2個

(How to Make)

01　花瓶に水を入れる。バスケットの中央よ
　　りやや後ろ側に、シリンダー型花瓶を置
　　き、周りに試験管型花瓶を囲むように配
　　置する。試験管型花瓶は形を調整するこ
　　とができるので、空間がないように置く。

02　花瓶をすべて配置したところ。まったく
　　同じ位置でなくてもよい。

03　アルミワイヤーを輪の状態で、ひっぱり、
　　不規則な形にする。引っ張ったところを
　　捻ったり、伸ばしたり、自由に作る。こ
　　れを2つ作る。

04　③のアルミワイヤーを作業台の上に置い
　　て、上から両手で押しやや平たく整える。
　　力を入れすぎて、完全に平らにしないよ
　　うに。

05 　花瓶の上に④のアルミワイヤーを花瓶の
上はもちろん、側面にもワイヤーが引っ
かかるように、1つずつセットする。

06 　大きな花から小さな花の順に挿すことで、
小さな花の土台を作っていく。ここでは
アジサイから挿す。最初に作りたい高さ
と横幅を考え、最初のアジサイで高さを
決める。ここでは高さ40cm、幅40cm
を目安に作る。

07 　シリンダー型花瓶に40cm程度にカッ
トしたアジサイを入れる。

08 　さらにアジサイ6本をバスケット全体
に高低差をつけて挿す。シリンダー型花
瓶に限らず、試験管型花瓶にも入れ、遠
目から見てアジサイのこんもりとした塊
になるように。花を挿すとき、横からも
必ず確認する。

09 　ヒメミズキをカットして、アジサイの横
や間に挿していく。分量と長さは自由に。
この作品は自由に作るのが醍醐味。

10 　ヒメミズキを入れたところ。最後にまた
足すので、入れすぎない。

11　シラーを全体に散らすように上から挿していく。

12　ディサをシラーと同様に上から挿していく。花を挿したら、茎の根元が花瓶にきちんと入っているかを確認する。

13　ブラックベリーも同様に挿していく。ハナミズキの枝に実が隠れないように。

14　一重のクレマチスは短かったので、中心ではなく外側に入れる。

15　クレマチス'リトルボーイ'は枝を切り分けてから、先端が外を向くように挿す。茎の曲線がきれいなので、長めに入れる。

16　残った花があれば、まんべんなく花を入れる。最後にナワシロイチゴを外側の花瓶に入れ、蔓の先端をアルミワイヤーに引っ掛けて完成。

17
―

上からみたところ。吸水スポンジを使う
アレンジメントに比べて、家で気軽にで
きるのがこのアレンジメントのよさ、花の
量が少なくても形になる。使用する花瓶
は自宅であるもので、代用しても作っても。

スタイリングに小さなプラムを合わせ
ることでより、瑞々しく。使用するバ
スケットと花瓶は手持ちのものでも。

夏のテーブルフラワー

今回は同じ花材でブーケとアレンジメントを作成。
ブーケとして楽しんだあとに、
アレンジメントに作り替えてもいいですね。
アクセントにオレンジブラウンの花を入れることで、
大人の雰囲気になります。

ブーケ

(Flower & Green)

エキナセア
ルドベキア
ヒマワリ 'グリーンバースト'
ニゲラ 'トランスフォーマ'
ネペタ 'シックスヒルズジャイアント'
オレガノ 'ルミノ'
マーブルアーチ
タデ
ルー

(Material)

麻紐（PVCテープでも可、ブーケのみ）

(How to Make)

01　使用する花材の下半分の葉を取る。

02　ルドベキア、ヒマワリ、エキナセアの3本で、ブーケの中心を作る。写真のように3本の花の高さと向きを変える。

03　オレガノを②より低い位置に入れる。ふわふわとしたフォルムなので、これから合わせる花のクッションの役目になる。

04　オレガノを入れたブーケを上から見たところ。

05 ④にすらりとしたフォルムのタデやネペ
— タ、ルーなどを1本ずつ高い位置に加え、
ルドベキアを低い位置に入れて全体を囲
む。ただ、隣り合う花とぎゅっと密着さ
せない。

06 ⑤と同様に、入れる花によって高低差を
— つけて、さらに1周囲む。ここでは、エ
キナセア、ルドベキアなどを隣り合う花
と空間を取りながら、低く入れる。

07 オレガノやニゲラなど残っている花でさ
— らに1周囲む。最後も高く入れる花、低
く入れる花を意識して高低差をつける。
ここでは、これ以上花を加えないが、花
が残っていてより大きなサイズにしたい
場合は、同様のことを繰り返す。

08 花の向きなどを手で整えてから、手で握
— っている部分を麻紐やPVCテープで仕
上げて完成。

束ねるときに空間を取
り、高低差をつけるこ
とで、草花が自由にぴ
ょんぴょん動いている
ような様が楽しめます。
花瓶のサイズはぴった
りのものでなくても。
傾けて飾ってもかわい
いです。

(Material)

リング型バスケット
OPP フィルム
吸水性スポンジ

(How to Make)

01 しっかりと吸水させたスポンジを 1/4
にカットし、さらに半分にカットする。
スポンジのカットはカッターナイフや専
用のナイフで行う。

02 バスケットに OPP フィルムを水漏れが
ないようにセットする。OPP フィルム
の端がバスケットの外側を飛び出すくら
い大きめのものを使用するのがコツ。①
でカットしたスポンジをバスケットに押
し込む。

03 カットしたスポンジをバスケットに入れ
たところ。スポンジの間の隙間は埋めな
くていい。

04 バスケットの中央の穴部分を覆っている
OPP フィルムをハサミでカットする。

05　スポンジに大きな花から挿していく。ル
　　ドベキアを茎の長さ3cm程度にカット
　　し、茎の部分を2cm程度、スポンジに
　　挿す。ルドベキア3本を2本と1本に
　　分けて、高さと角度を合わせずに挿した。

06　ヒマワリを対角上に2本挿す。バスケ
　　ットの穴の縁に近い位置に挿したが、穴
　　の部分が隠れないようにする。

07　エキナセア3本をルドベキアとヒマワ
　　リから離れた位置、バスケットの外側に
　　バスケットから大きくはみ出さないよう
　　に挿す。バスケットはたまに回し、花を
　　見る角度を変えるとバランスが整う。

08　3つの大きな花の間に、小花を挿して隙
　　間を埋めていく。極端に高さを出すこと
　　なく、ただ高低差をつけて挿し、スポン
　　ジ部分を見えないように挿す。ルー、ニ
　　ゲラ、オレガノを挿したところ。

09　曲線が美しい草花(ネペタ、マーブルア
　　ーチ、タデ)は、大きな花がついているところ
　　でカットし、大きな花の上に載せるよう
　　に挿す。挿す位置はランダムに。

10　オレガノはグリーンのなかに、タデはす
　　らりとしたフォルムが目立つ位置に挿す。
　　草花の葉の部分はグリーンとして、ネペ
　　タと同様に挿して完成。低いバスケット
　　で作っているため、全体に高さを抑え、
　　中央の穴を活かすように軽やかに作るの
　　がポイント。

Summer Party

Mallow 11th Anniversary

毎年7月にアニバーサリーを迎えるマロウ。
11周年のお祝いにサロンでパーティーを行いました。
いつものレッスンスペースを着席のパーティー仕様に。
マロウらしいナチュラルで、涼しげなデコレーションを
美しい写真とともに紹介します。

パーティ当日のお料理は国井英司シェフに。◎@eiji_kunii

上. 飲み物とちょっとしたお菓子のテーブル。着席スタイルに動きを出し、違うテーブルの方とは会話もできるように。下. テーブルに料理のためのスペースを作り、頭上部分はフレームデコレーション。

1. 当日のメニューをそれぞれの着席に。はじめての方どうしでも会話が弾むきっかけに。2. マロウの看板犬まうる。3. キャンドルフォルダーに洋梨を。テーブルに転がすだけではなく高さを出して。日常使いのアイテムを組み合わせ、楽しみながらデコレーションした。4. 玄関前はフォトブースに。5. お料理が並ぶ前のテーブル。色使いは控えめに。6. 大きめの花瓶にビバーナム・コンパクタの実を飾り、テーブルの足元のアクセントに。

3

4

Mallowの花選び

　マロウらしい花選びのポイントは、花の色と合わせ方。きっちり花材を決めていないマロウのレッスンでは、季節の花を中心に、そのときどき、市場で出合った素敵な花や葉、枝、実を使っています。

　どの作品でも、真っ先に選ぶのは中間花。ふんわりとしたフォルムの草花です。旬が短かったり、珍しい種類だったり。一期一会の出合いで選んでいます。メインの花には季節の華やかな花を使用することが多いですが、必ず先に選んだ中間花に合う色の花を探します。マロウのブーケの半分くらいのボリュームを占めるメインの花。だから、色はとても大事です。美しいグラデーションを出せる花を決めています。

　マロウらしい色合わせとは、色のコントラストは弱めに、グラデーションを大切にすること。

　大きな枠でのマロウの花合わせはずっと変わっていません。けれど新たに選んだ中間花がそこに加わり、このときだけの出合い＝花合わせが生まれることも、新鮮で楽しいです。

Chap

ter 3

贈る花

Flowers to Gift

花屋さんで、誰かを心に思いながら、
花を選び、ブーケやアレンジメントを作り贈ること。
マロウではそんな花との関わり方を楽しんでもらいたい、
とサロンをはじめたころから思っています。
いつもの友達、久しぶりの友達、
家族の特別な日のお祝いなど、
あなたらしい花を贈ってみましょう。

贈る花

Flowers to Gift

　花のレッスンを受けるなら、人に贈る
ものを作れないのはとてももったいな
い！と私は思っています。生徒の皆さん
にも、自分の思いを込めたブーケやアレ
ンジメントなどを作れるようになってほ
しいです。

　そこで贈る花を作るときに、気にして
ほしいことがあります。名前を知ってい
る花を選ぶこと、自己満足にならずに、
もらった相手がどこに飾ればいいか迷
わないものであることです。

　知っている花だと取り扱いがわかる
ので、贈る相手に伝えることもできます。
お子さんに贈るなら、豪華なものよりも
手軽にケアできる小さめのアレンジメ
ント、花好きの年配の女性ならあえて長
めの花を、北欧のインテリアが好きな人
なら部屋に合う花などを優先に考える
ことです。豪華で大きなものだと、自宅
で飾る場所が難しいという人もいます。

　花選びの段階から、相手を思い、ブー
ケなのかアレンジメントなのか、大きな
ものか小さなものか、このようにいくつ
かのキーワードをもとに考えていくと、
何を作ればいいか、イメージが湧いてき
ます。また贈る相手が好きな花や品種
名に意味のある花など、ストーリーが
見えるものは心に響きやすいですね。

Lesson 1 ——

スズランのギフトブーケ

白く可憐なスズランは、清涼感のある香りがあり、
旬も短いので、特別な花のひとつです。
そんなスズランをたっぷり40本使ったブーケです。
ラッピングについても詳しく説明しています。
季節の香りと愛らしさを贈りましょう。

(*Flower & Green*)

スズラン、コロニラ、宿根スイートピー

(*Material*)

PVC テープ
ライスサック（防水フィルムの袋）2 枚
ワックスペーパー（ブラウン）2 枚
ラッピングペーパー（マット両面撥水）（ブラウン）
エコゼリー
ステムティッシュ（保水用ペーパー）
サテンリボン（1cm 幅）2m

＊ラッピングペーパーの色はお好みで選んでください。
ただシンプルなブーケなので、ワックスペーパーとラ
ッピングペーパーの色は同系色がおすすめ。

(*How to Make*)

01 　使用するスズランを花の長さで、3段階
　　に分ける。写真では、左から長い順。

02 　一番長いグループだけ、花と葉を手で丁
　　寧に取り外す。葉を引っ張ると簡単に取
　　り外せる。

03 　コロニラはスズランよりも長めに切り分
　　ける。宿根スイートピーは、下の方につ
　　いている花は手で取る。

04 　スズランは花だけにしたものを花の頭で
　　10本程度揃えて、まっすぐに持つ。握
　　る指は、ブーケを作るときの基本と同じ。
　　このとき、親指から出ない長さのスズラ
　　ンは外す。

05 ── 葉がついたままのスズランは、指で丁寧に葉の形や向きを整える。

06 ── 2番目に長いスズランを葉の外側から、④にあてる。

07 ── ⑥を繰り返して④の周りをスズランで囲う。花の高さは④に揃える。

08 ── 花だけのスズランで葉つきのスズランを囲んだところ。

09 ── ⑧の周りを、高さを揃えて宿根スイートピーでぐるりと囲う。

10 ── ⑨の宿根スイートピーの間にスズランとコロニラを入れてぐるりと囲う。コロニラの葉先はスズランの後ろになるようにする。このときも高さは揃える。

<u>11</u>　高さを少し低い位置に、スズラン、宿根スイートピー、コロニラの順にそれぞれ1周ずつ囲う。

<u>12</u>　上から見て、ブーケの形が凹んでいるところがあれば、スズランの葉を外側に加えて形を整える。

<u>13</u>　葉を加えたら、手で握っている部分をPVCテープで巻き留め、足元の茎を切り揃える。スズランの場合は、麻紐で結束すると茎に紐が食い込むため、PVCテープを使用する。

<u>14</u>　ステムティッシュを2つ折りにして、PVCテープの手前まで、足元から遊びがでないように茎を包む。

<u>15</u>　ステムティッシュで包んだ部分をライスサックのなかに入れる。

<u>16</u>　ライスサックのなかにエコゼリーをたっぷり入れる。

17 ライスサックの袋の口元を上にあげて、
PVC テープの上でセロハンテープで閉
じる。テープの端を折り返し、あとで外
しやすいようにする。

18 なかに入れたエコゼリーを茎全体に行き
渡るように、手でなじませる。

19 もう1枚のライスサックのなかに入れて、
セロハンテープで PVC テープの上で閉
じる。2枚のライスサックを使うのは配
送中にエコゼリーの漏れを防ぐため。

20 ワックスペーパーを縦長に置き、紙の角
がでるように斜めに中心に折る。その中
央にブーケを載せ、ペーパーの左端を持
って、ブーケに重ね、ワックスペーパー
の上から結束部分を握る。親指は PVC
テープを巻いた結束部分に。

21 ブーケを握ったまま、ブーケの根元の周
りのワックスペーパーをゆっくりたぐり
よせる。

22 ブーケの右下のワックスペーパーの角を
持ち、ブーケを持っている親指のところ
に重ねる。

23　㉒のワックスペーパーを親指で抑える。

24　ブーケを握っていない方の手で、㉓で重
ねた部分を持ち、さらにブーケの中央側
に折る。

25　両手で、結束部分をしっかりと握る。

26　もう1枚のワックスペーパーを写真の
ように折り、中央にブーケを載せる。

27　右手でブーケを握り、左手でワックスペ
ーパーの左側を持ちブーケの上に重ねる。
右側も㉒〜㉔と同様に重ねてブーケを
包む。

28　結束部分を握ったまま、35cm × 65cm
にカットしたラッピングペーパーの上に載
せる。

29 左側のラッピングペーパーをブーケの上に重ね、そのまま左手で結束部分をしっかりと握る。

30 重ねたラッピングペーパーの下部分は根元部分に折り上げ、右側を㉒〜㉔と同様にブーケの上に重ねて結束部分を握る。

31 ㉚の下にリボンを置く。

32 リボンで結束部分を遊びがないようにしっかりと一巻きする。

33 そのまま蝶結びをして、リボンの足の長さをお好みでカットして完成。

34 渡す前に、外側のラッピングペーパーの膨らみを手で整えるとよりきれい。シンプルな包み方なので、どんなブーケにも応用できる。

初夏のバスケットアレンジメント

初夏は色濃い緑が美しい季節。
日差しが強くなり、
夏らしい日もあるこの時期には、
たっぷりのグリーンで清涼感を贈りましょう。

ブーケ

(Flower & Green)

柏葉アジサイ'ルビースリッパーズ'
パフィオペディルム
アルストロメリア
クレマチス'ダッチェスオブアルバニー'
フサスグリ
タケシマユリ
ピットスポラム
ウエストリンギア

(Material)

ポリプロピレン製バスケット（φ290mm、高さ80mm）
吸水スポンジ
OPPフィルム

(How to Make)

01 しっかり吸水させたスポンジの上に使用
するバスケットを載せて、バスケットの
サイズに合わせてナイフなどで線をつけ
てからカットする。

02 ①の長辺を下にして立てて、写真のよう
に縦半分にカットする。

03 OPPフィルムをバスケットに敷いてか
ら、②をセットする。

04 バスケットからはみ出ているOPPフィ
ルムは外向きにくるくると巻いて、OPP
フィルムの裏側に隠す。

05 アジサイを40cm程度にカットし、葉を取る。④の中心よりやや奥に1本挿す。

06 ⑤の周りにアジサイを7本挿す。バスケットの縁寄りに挿すものは先端が外を向くように角度をつけて挿す。角度をつけるとバスケットから花の先端がはみ出すが、その割合は揃える。⑤の近くに挿すときは、角度をあまりつけない。

07 アジサイの高さについては、画像のように⑤より後ろに挿すものは高く、それ以外はほぼ同じ高さか少し下げた位置にする。配置や高さについては、均一に揃えないこと。

08 アジサイの間にピットスポラムを低い位置に挿し、足元のスポンジを隠す。

09 ピットスポラムを挿し終わったところを上から確認。上からはスポンジが見えることがないように。ここからは高さがあったり、目立たせたい花材を挿していく。

10 フサスグリ2本を⑤のアジサイの近くに2本挿す。

11　バスケットの緑寄りに挿したアジサイ4
本の間に、クリスマスローズやフサスグ
リの先端の枝などを挿す。

12　⑤のアジサイの周りにタケシマユリを2
本挿す。高さは2つの花の間くらいで、
独立した存在として見えるようにする。

13　タケシマユリをさらに2本、バスケッ
トの前側と後ろ側に挿す。あえて、2本
を対称の位置に入れないことで、おもし
ろみを出す。

14　フサスグリとアジサイの間に4本、ア
ルストロメリアを挿す。挿す位置はこち
らもランダムに。

15　パフィオペディルムをタケシマユリの近
くに4本挿す。低い位置に花が見える
ように意識して挿す。

16　先端がやわらかいウエストリンギアを挿
す。ウエストリンギアは20〜30cmに
カットし、スポンジに挿してから、茎を
他の花に絡めるように配置する。好みの
量を入れる。

17 — 上から見て、グリーンが重く感じられる部分に、アクセントになるクレマチスを挿していく。ここでは3本挿す。挿す位置もお好みで。

18 — クレマチスを挿し終え、全体の花の向きを丁寧に整えて完成。

いろいろな質感と明るさのグリーンのなかに、クレマチスのピンクがアクセントに。タケシマユリの蕾が咲いてくると、一層華やかに。贈ったあとの変化も楽しいギフト。

マロウオリジナルのボックスを使った
アレンジメントは、持ち運びしやすいうえに、
箱を開けたときの驚きが嬉しいギフト。
丸いフォルムのラナンキュラスや
バラをたっぷり使っています。

(Flower & Green)

バラ（まるこ。、ホーリー）
ラナンキュラス
ビバーナム・スノーボール
スカビオサ 'いちごみるく'
カラスノエンドウ
クレマチス
アケビ

(Material)

蓋付きボックス
　（ボックス全体 高さ15cm、縦20cm、横20cm）
OPPフィルム
吸水スポンジ

(How to Make)

01 ── ボックスのなかにOPPフィルムを敷いて、しっかり水を吸わせた吸水スポンジをP106の作品と同様に縦半分にカットしセットする。メインのバラ 'ホーリー' をスポンジの中央よりやや右の位置に、花が真上を向くように挿す。花の高さはボックスの高さに。

02 ── メインは2、3輪のグループにする。ここでは、'ホーリー' を2輪追加で隣り合う位置に挿す。

03 ── メインの花のあとは、頭が大きい花を挿す。全体にビバーナムをバラと同じ高さで挿す。ひとつの角にもビバーナムを挿す。

04 ── ラナンキュラスをビバーナムの間に挿す。1輪だけでなく、2輪隣り合うように挿すと存在感が増す。メインの花の高さに揃えず、1、2cmの高低差をランダムにつける。

05　空いているところに、'ホーリー'、'まるこ。'、スカビオサを挿し、空間を埋めていく。ボックスの角にはそれぞれ異なる花を挿す。ラナンキュラス同様に高低差をつける。

06　ボックスの面が埋まったので、その上にトッピングのように小さめの花材を挿していく。まずは、動きを出すカラスノエンドウを1cm程度飛び出すように花の間や隙間に挿す。

07　カラスノエンドウを全体に入れたところ。蓋が閉められない高さには飛び出さないように。

08　スカビオサの蕾やクレマチス、アケビ、コデマリなどを加える。隙間が思ったよりも大きい場合はビバーナムやラナンキュラスなどを挿す。

09　仕上げのトッピングをすべて入れて完成。トッピングする花材の量はあくまでもお好みで。

10　挿し終わった様子を横から見たところ。大きめの花に高低差をつけることで、立体感が生まれ、いろいろな花材のトッピングが重なることで、表情が豊かに。

マロウのボックスは2サイズ。
小さいボックスでも作り方は同
じ。ボックスフラワーのサイズ
違いを一緒に並べても楽しい。

Mallow's Favorites

マロウのお気に入りの花たち

毎年同じ季節に必ず仕入れるもの、ひと目見ただけで使い
たくなってしまうものの一部をご紹介します。早朝の市場
で、見つけると、嬉しくてときめいてしまうものばかりです。

01 *Mallow's Favorites*

パンジー'粋'

'粋'と出合ったことで、マロ
ウのふんわりテイストが確立さ
れました！ ふりふりのかわい
い花びらは短くカットして皿に
浮かべても。次々と花が咲いて
くるので長く楽しめます。

02 *Mallow's Favorites*

球根つきの花

球根がついたままの原種のチュ
ーリップ、ムスカリ、フリチラ
リア……。シンプルに花瓶に入
れてシルエットを楽しみましょ
う。

03 *Mallow's Favorites*

スズラン

儚さと香りが格別。1本を楽しむならば、いつも目につく場所に飾って愛でたい花です。

04 *Mallow's Favorites*

花イチゴ

日々色づき香りが増してくる、花イチゴ。ボックスフラワーやバスケットアレンジメントに使うとかわいさが倍増！

05　*Mallow's Favorites*

芍薬

たくさんの花弁が重なって存在感がある芍薬。蕾から長く楽しみたい花のひとつです。

06　*Mallow's Favorites*

ダリア

花の形、大きさ、そして質感など、とにかく存在感のあるダリア。そして儚い花。特別な日に合わせて飾りたい花です。

07 *Mallow's Favorites*

アジサイ

私にとってサクラと並び、日本
の四季を感じる花のひとつです。
街のあちらこちらで眺める花を
家の中でも楽しみましょう。

08 *Mallow's Favorites*

バラ（まるこ。）

マロウオリジナルのスプレーバ
ラ。季節で色が変わるのがかわ
いい。コロンとしたフォルムとグ
ラデーションのある花色が特徴。

09 *Mallow's Favorites*

ドウダンツツジ

1本あるだけで、リビングが
瑞々しくなる枝のひとつ。水換
えの手間も少なく、花を愛でる
時間や買いにいくタイミングが
ないときにもおすすめです。

10 *Mallow's Favorites*

房スグリ

宝石のような鮮やかな色合いの実がかわいいスグリ。
たわわに連なる様子は、背の高いシリンダーに入れ
て楽しみましょう。

11 *Mallow's Favorites*

ブドウ

食べごろよりずっと前の青々しいブドウ。透き通るグ
リーンに夏のはじまりを感じます。

12 *Mallow's Favorites*

ジューンベリー

小さい実と葉がかわいいジューンベリーは、グリー
ンの実のときにお迎えすると、長く楽しむことがで
きます。

13 *Mallow's Favorites*

プラム

色づく前、実になったばかりの小さく青いプラム。
季節の実は、ただただバスケットに入れておくだけ
でもかわいい。竹串に挿して、ピックにしてアレン
ジメントに入れても。

14 *Mallow's Favorites*

洋梨

フォルムがかわいい洋梨。大きく育つ途中で摘果した実です。ブーケの足元だけではなく、ペーパーウェイトとしても素敵。

15 *Mallow's Favorites*

和梨

この小ささがなんとも言えずキュートな和梨。お客様を迎えるテーブルの演出にぴったりです。

16 *Mallow's Favorites*

アオツヅラフジ

つぶつぶがかわいらしい蔓は、ボックスフラワーなどのアクセントにぴったり。

17 *Mallow's Favorites*

栗

日本の秋を感じる枝の代表。下の方の枝についている実は外してテーブルに、枝つきはそのまま飾りましょう。

やぎバラ育種農園さんと Mallow

　マロウオリジナルのバラ‘まるこ。’このバラが生まれた場所が静岡県
菊川市のやぎばら育種農園さん。やぎさんはバラの栽培、出荷だけでな
く、オリジナルのバラを育種している貴重な生産地です。市場ではじめ
て見たときに感動した、淡い青みピンクで、香りが強く、花の形が美し
い‘カレン’。あまりにも私の好みにぴったりの品種で、すっかりマロウ
の定番に。この‘カレン’との出合いから、やぎさんのバラ温室へ足を
運ぶようになり、‘まるこ。’誕生へとつながりました。

　マロウでは年に１、２回、「大人の遠足」というイベントを開催してい
ます。生徒さんとともに観光バスでやぎさんの温室へ行くイベントです。
バラの温室では‘まるこ。’を収穫したり、摘み取ったバラでブーケを作っ
たりします。生産現場といういつものレッスンとはまったく違う空間で、
バラづくしの時間はとても貴重で贅沢です。

2

1. 近くの小高い丘からのぞむやぎさんの温室。2. 収穫したバラを出荷に向けて、整える作業をしていると
ころ。普段は見ることができない作業を垣間見れるのも嬉しいことです。3. やぎさんとのつながりをくれた
'カレン'。香りがよいだけでなく、日持ちがいいのも嬉しい品種。4. 'まるこ.'は枝分かれの多いスプレー
バラ。小さな蕾や余分な枝を温室内で整えながら、栽培されている。5. クリーム、グリーン、アプリコット
ピンクと絶妙な色の混ざり合いが特徴的な'まるこ.'。季節で色が変わるのも魅力。6. 園主の八木勇人さん。
一輪でも絵になるバラというテーマで育種し、ArtRose. (アールローズ) というブランドで展開している。

Mallowについて

　マロウは 2012 年 7 月に東京・田園調布で自宅サロンとして誕生しました。

　最初は月に数回のレッスンからはじまり、今では、単発のオウチバナレッスン、マロウバナレッスン、ディプロマが取得できるコースレッスンやサロンをされている方向けのプロクラスを開催しています。

　コロナ禍での、レッスンが開催できない時期にはオンラインレッスンを行いました。現在は通常の対面レッスンに加えて、毎月の花材発送やギフトフラワーをオンラインショップにてご案内しています。

　花を撮るのが好きで、日々の花をインスタグラムに投稿しています、ぜひご覧ください。

Conclusion

マロウの初めての著書を手にとっていただきありがとうございます。

自宅で楽しむこと、花を楽しむことをもっと自由に！
友人に花を、自分に花を、ありがとうだったり、元気を出してね、だったり。
きっかけは色々でも、皆さんが日常のなかで、本書をきっかけに「それぞれ」の
花選び、花飾り、花贈りを楽しんでくださったら嬉しいです。

今回マロウ本を出版するにあたり、
私が何を伝えるのか、伝えられるのか、とても悩みました。
そして、できるだけ「いつもの景色を」伝えることにしました。
だから、マロウのいつもの花合わせ、飾り方で、
すべて自宅サロンで撮影しています。

初めての本作りでは、久々にチームで考え、動くことに新鮮な楽しさを感じました。
素敵に撮影してくれた三浦さん、編集の櫻井さん、ありがとうございます。

そしていつも私を裏方として支えてくれるスタッフたち、
美海さん、梨恵さん、貴美さん、陽さん、サリーさん、ありがとう。

最後に、マロウのレッスンに参加してくださる方、
オンラインショップを利用してくださる方、お花を頼んでくださる方、
関わる皆さんに、心から感謝します。

輿石智子（Mallow）

輿石智子　Tomoko Koshiishi

東京都内の短期大学を卒業後、外資系インテリア会社へ入社し、ディスプレイ業務に従事するだけでなく、国内外のショップへの指導を担当。退社後は花店にて約10年働く。2012年に東京・大田区田園調布にて、自宅サロン「Mallow」を設立。2018年には法人化し、自宅サロンだけでなく西宮、名古屋でも定期的にレッスンを行い、台湾をはじめとする国外にも活動の幅を広げている。

Instagram@tomoko_koshiishi
https://www.mallow-flower.com

Staff

撮　　影	三浦希衣子
デザイン	山本洋介（MOUNTAIN BOOK DESIGN）
編　　集	櫻井純子（audax）
イラスト	佐々木早苗

花選び／ 花飾り／花贈り
マロウのフラワーレッスン

2023年12月19日　発　行　　　　　　　　　NDC793

著　　者	輿石智子
発　行　者	小川雄一
発　行　所	株式会社 誠文堂新光社
	〒113-0033 東京都文京区本郷 3-3-11
	電話 03-5800-5780
	https://www.seibundo-shinkosha.net/
印刷・製本	株式会社 大熊整美堂

ISBN978-4-416-92363-4